U0102012

中國書法精粹

小楷書法精粹

清—民國卷

李明桓 編著

上海書畫出版社

目録

清—民國卷

朱　耷　千字文　一
朱　耷　書畫册之一　八
朱　耷　書畫册之二　一〇
朱　耷　喜雨亭記　一三
朱　耷　臨《蔡邕書卷》　一七
朱　耷　黄庭經　二〇
朱　耷　爲鏡秋詩書册　二四
高士奇　跋《揚無咎雪梅圖卷》一　三〇
高士奇　跋《揚無咎雪梅圖卷》二　三一
刘　墉　小楷逸品册　三三
翁方綱　跋《歐陽修行楷書灼艾帖卷》　四一
和　珅　跋《洛神賦圖卷》　四二
曹文埴　跋《李唐長夏江寺圖卷》　四三
管　同　跋《孔子弟子像圖卷》　四六
翁同龢　瓶盧雜稿　四八
吴昌碩　楷書自作書箋一　五五
吴昌碩　楷書自作書箋二　五七
吴昌碩　楷書手稿　五八
費念慈　跋《揚無咎四梅花圖卷》　五九
趙椿年　跋《陸機草隸書平復帖卷》　六〇
傅增湘　跋《陸機草隸書平復帖卷》　六二
王國維　人間詞　人間詞話　六七
弘　一　心經　七九
恭親王溥偉　跋《陸機草隸書平復帖卷》　八三
沙孟海　水經注　八五
白　蕉　與姚鵷雛先生信札　九一

千字帖興嗣綴文
天地玄黃宇宙洪荒日月盈
昃辰宿列張寒來暑往秋收
冬藏閏餘成歲律呂調陽雲
騰致雨露結爲霜金生麗水
玉出昆岡劍號巨闕珠稱夜光
果珍李柰菜重芥薑海

朱耷　千字文

朱耷（一六二〇—約一七〇五），字雪個，號八大山人、個山、驢屋等，江西南昌人。明寧王朱權後裔。明亡後削髮爲僧，後改信道教，住南昌青雲譜道院。擅書畫，能詩文。其書法師承二王、顔真卿、蘇軾，能博采衆長，大膽創新，自成一家。

此作爲紙本大册頁，瀟灑秀健，風韵天成，是朱耷不可多得的佳作。榮寶齋藏。縱二十三點七厘米，横十三點二厘米。

醎河淡鱗潛羽翔龍師火帝
鳥官人皇始制文字乃服衣裳
推位讓國有虞陶唐弔民伐罪
周發殷湯坐朝問道垂拱平章
愛育黎首臣伏戎羌遐邇壹體
率賓歸王鳴鳳在竹白駒食
塲化被草木賴及萬方蓋此

身髮四大五常恭惟鞠養豈
敢毀傷女慕貞潔男效才良
知過必改得能莫忘罔譚彼短
靡恃己長信使可覆器欲難
量墨悲絲染詩讚羔羊景行
維賢克念作聖德建名立形
端表正空谷傳聲虛堂習聽禍

優
登仕攝職從政存以甘棠去而
益詠樂殊貴賤禮別尊卑上
和下睦夫唱婦隨外受傅訓入
奉母儀諸姑伯叔猶子比兒
孔懷兄弟同氣連枝交友投
分切磨箴規仁慈隱惻造次弗

啓甲帳對楹肆筵設席鼓瑟
吹笙升階納陛弁轉疑星右通
廣內左達承明既集墳典亦聚
羣英杜藁鍾隸漆書壁經
府羅將相路俠槐卿戶封八縣
家給千兵高冠陪輦驅轂振
纓世祿侈富車駕肥輕策功茂

丹青九州禹跡百郡秦并岳宗
恒岱禪主云亭鴈門紫塞雞田
赤城昆池碣石鉅野洞庭曠遠
綿邈巖岫杳冥治本於農務茲稼
穡俶載南畝我藝黍稷稅熟
貢新勸賞黜陟孟軻敦素史
魚秉直庶幾中庸勞謙謹飭

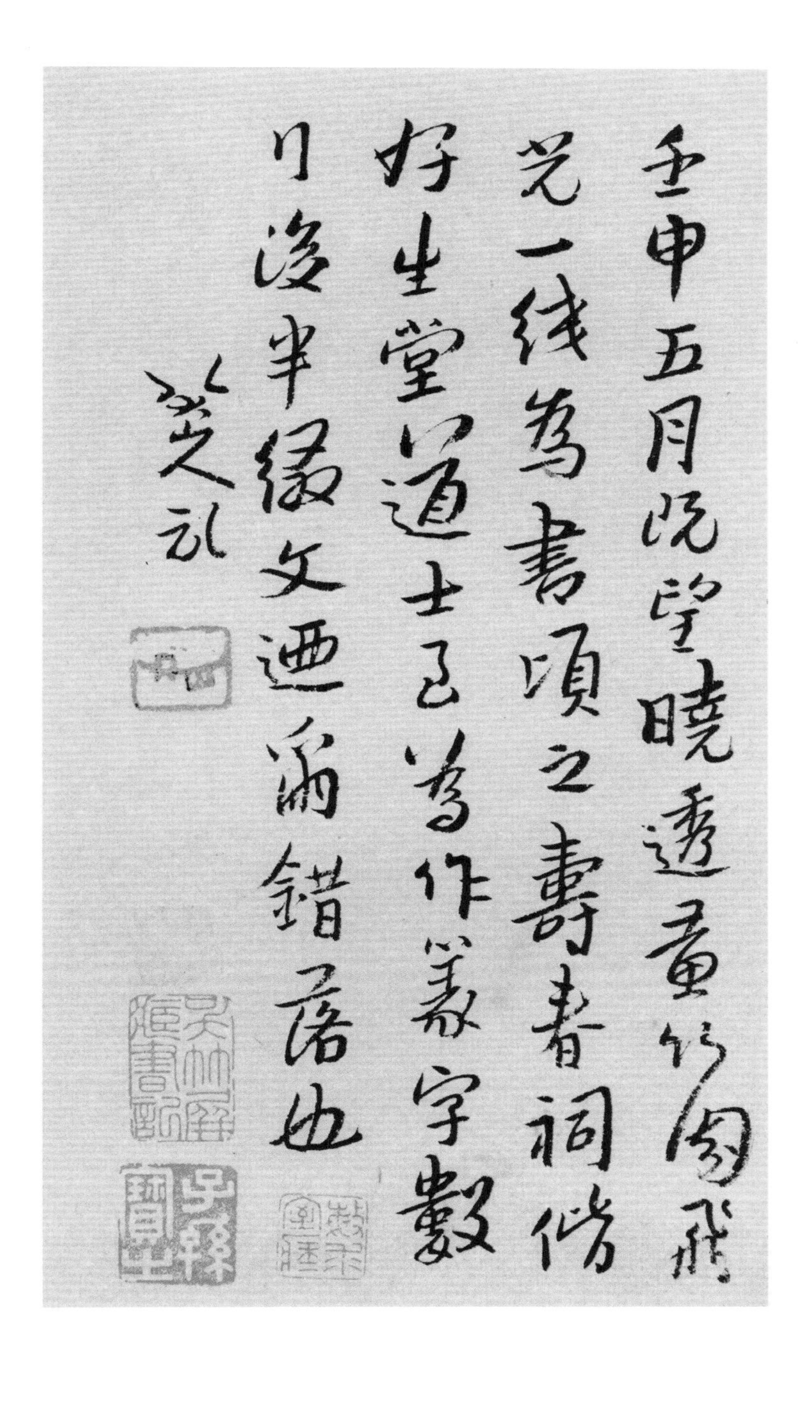

承至言於先聖受真教於上賢探賾妙
門精窮奧業一乘五律之道馳驟於心田
八藏三篋之文波濤於口海爰自所歷之
國總將三藏要文凡六百五十七部譯布中
夏宣揚勝業引慈雲於西極注法雨於
東垂聖教缺而復全蒼生罪而還福濕火
宅之乾燄共拔迷途朗愛水之昏波同臻
彼岸是知惡因業墜善以緣昇昇墜之
端惟人所託譬夫桂生高嶺雲露方得

朱耷　書畫册之一

此作爲紙本，書於康熙三十二年（一六九三），書風奇拙古雅。上海博物館藏。每頁縱二十四點四厘米，横二十三厘米。

蓮性自潔而桂質本貞良由所附者高則微物不能累所憑者淨則濁類不能霑夫以卉木無知猶資善而成善況乎人倫有識不緣慶而求慶方冀茲經流施將日月而無窮斯福遐敷與乾坤而永大

癸酉五月廿一日雨窗臨褚河南書

燮

朱耷　書畫册之二

此作爲紙本，書於康熙四十四年（一七〇五），書風古拙生動。唐雲舊藏。每頁縱十六厘米，横十四厘米。

以宣發禁躁妄內斯靜專矧是樞
機興戎出好吉凶榮辱惟其所召傷
易則誕傷煩則支己肆物忤出悖
來違非法不道欽哉訓詞言箴哲
人知幾誠之於思志士勵行守之於
為順理則裕從欲惟危造次克念戰

撓自於習與性成聖賢同歸 勳藏

右四箴

乙亥閏四月既望

寤哥草堂書

八大山人

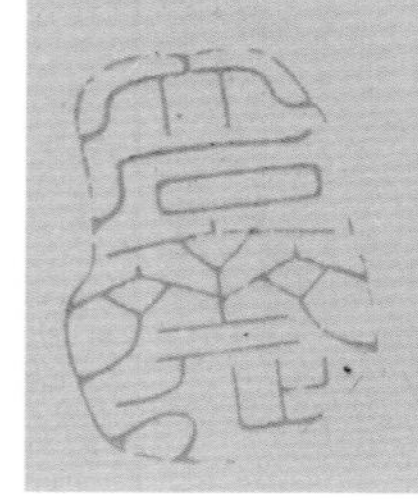

亭以雨名志喜也古者有喜則以名物示
不忘也周公得禾以名其書漢武得鼎
以名其年叔孫勝敵以名其子其喜之大
小不齊其示不忘一也余至扶風之明年始
治官舍爲亭於堂之北而鑿池其南引流
種樹以爲休息之所是歲之春雨麥于岐
山之陽其占爲有年既而彌月不雨民方
以爲憂越三月乙卯乃雨甲子又雨民以爲未

朱耷 喜雨亭記

此作爲紙本，書於康熙四十四年（一七〇五），書風松而不散，拙雅有趣。

足丁卯大雨三日乃止官吏相與慶於庭
商賈相與哥於市農夫相与忭于野
憂者以喜病者以愈而吾亭適成於是
舉酒于亭上以屬客而告之曰五日不雨
可乎曰五日不雨則無麥十日不雨可乎曰
十日不雨則無禾無麥無禾歲且薦饑
獄訟繁興而盜賊多有則吾二三子雖欲
優游以樂于此亭其可得耶今天不遺

則民始旱而賜之以雨使吾與二三子得
相與優游以樂於此亭者皆雨之賜也
其又可忘耶既以名亭又從而歌之曰
使天而雨珠寒者不得以為襦使天而雨
玉飢者不得以為粟一雨三日伊誰之力
民曰太守太守不有歸之天子天子曰不然
歸之造物造物不自以為功歸之太空太
空冥冥不可得而名吾以名吾亭

今天不遺斯民始旱而賜之以雨是坡之一
篇大主意乙酉江右自一月以至四月不雨閏四月
十日乃雨　曉起寤哥艸堂漫書一過
八十老人

於穆、清廟肅雍顯相濟、多士秉文之德對越在
天駿奔走在廟不顯不承無射于人斯維天之命
於穆不已、、不承於乎不顯文王之德之純假以溢
我、其收之駿惠、我文王曾孫篤之維清緝熙文
王之典肇禋迄用有成維周之禎烈文辟公錫
茲祉福惠、我無疆子孫保之無封靡于爾邦維
王其崇之念茲戎功繼序其皇之無競維人四方其
訓、之不顯維德百辟其刑之於乎前王不忘之天作
高山大王荒之彼作矣文王康之彼徂矣岐有夷之行

朱耷　臨《蔡邕書卷》

此作爲紙本。書風清奇，用筆較常見作品細膩。上海博物館藏。縱二十二點五厘米，横八十四點六厘米。

基命宥密於緝熙單厥心肆其靖之　我將我享
維羊維牛維天其右之儀式刑文王之典日靖四方伊
嘏文王既右享之　我其夙夜畏天之威于時保之
時邁其邦昊天其子之實右序有周莫不震疊懷
柔百神及河喬嶽允王維后　明昭有周式序在位
載戢干戈載櫜弓矢我求懿德肆于時夏允王保
之　執競武王無競維烈不顯成康上帝是皇自
彼成康奄有四方斤、其明鼓鐘喤、磬筦將、
降福穰、降福簡、威儀反、既醉既飽福祿來反
思文后稷克配彼天立我烝民莫匪爾極貽我來
牟帝命率育無此疆爾界陳常于時夏　嘻、臣

聰敬止日就月將學有緝熙于光明佛時仔肩示我顯
德行 載芟載柞 其耕澤澤 千耦其耘 徂隰徂畛 侯主
侯伯 侯亞侯旅 侯彊侯以 有嗿其饁 思媚其婦 有
依其士 有略其耜 俶載南畝 播厥百穀 實函斯活 驛驛
其達 有厭其傑 厭厭其苗 綿綿其麃 載穫濟濟 有實其
積 萬億及秭 為酒為醴 烝畀祖妣 以洽百禮 有飶其香
邦家之光 有椒其馨 胡考之寧 匪且有且 匪今斯今 振古
如茲 文王既勤止 我應受之 敷時繹思 我徂維求定 時周
之命 於繹思 於皇時周 陟其高山 嶞山喬岳 允猶翕河
敷天之下 裒時之對 時周之命 於繹思

力庵臨 蔡邕書

朱耷　黄庭經

此作爲紙本，依然保持朱耷古拙的書寫面貌，用筆不露鋒芒，氣息含蓄内斂。

服赤朱田下三寸神所居中外相距
重閉之神廬之中務脩治玄廱氣
管受精符急固子精以自持宅中
有士常衣絳子能見之可不病横
理長尺約其上子能守之可無恙呼
噏廬間以自償保守貞堅身受慶

不可杖至道不煩无旁迕靈臺通
天臨中野方寸之中至關下玉房之中
神門戶皆是公子教我者明堂四達
灋海員真人子丹當吾前三關之中
精氣深子欲不死脩崐崘絳宮重樓
十二級宮室之中五采集赤城之子中

池立下有長城玄谷邑長生要眇房
中急棄捐淫俗專子精寸田尺宅可
治生繫子長留心安寧觀志游神三
奇靈閑暇無事修太平常存玉房神
明達時念太倉不飢渴役使六丁神
女謁閉子精路可長活正室之中神

迴車駕言邁悠悠涉長道四顧何茫茫
東風搖百草所遇無故物焉得不
速老盛衰各有時立身苦不早人
生非金石豈能長壽考奄忽隨造
化榮名以爲寶

東城高且長逶迤自相屬回風動

朱　耷　爲鏡秋詩書册

此作爲紙本，書於康熙二十七年（一六八八），書風稚拙有清气。無錫博物館藏。

地起穐草萋已綠四時更變化歲
莫一何速晨風懷苦心蟋蟀傷跼
促蕩滌放情志何為自結束燕趙
多佳人美者顏如玉被服羅裳衣當
戶理清曲音響一何悲絃急知柱促
馳情整巾帶沈吟聊躑躅思為雙
飛燕銜泥巢君屋

駈車上東門遥望郭北墓白楊何蕭蕭松柏
夾廣路下有陳死人杳杳即長暮潛寐黄
泉下千載永不悟浩浩陰陽移年命如朝
露人生忽如寄壽無金石固萬歲更相
送賢聖莫能度服食求神仙多爲藥
所誤不如飲美酒被服紈与素

去者日以疏來者日以親出郭門直視但見丘
與墳古墓犁為田松柏摧為薪白楊多悲
風蕭蕭愁殺人思還故里閭欲歸道無因
生年不滿百常懷千歲憂晝短苦夜長何不
秉燭遊為樂當及時何能待來茲愚者愛惜
費但為後人嗤仙人王子喬難可與等期
凜凜歲云暮螻蛄夕鳴悲涼風率已厲遊子寒
子無衣錦衾遺洛浦同袍與我違獨宿累長

夜夢想見容輝良人惟古懽枉駕惠前綏
願得常巧笑攜手同車歸既來不須臾又
不處重闈亮無乘風翼焉能凌風飛眄
睞以適意引領遙相睎徙倚懷感傷垂涕
沾雙扉
孟冬寒氣至北風何慘慄愁多知夜長仰
觀眾星列三五明月滿四五蟾兔缺客從遠
方來遺我一書札上言長相思下言久離別置

書懷袖中三歲字不滅一心抱區區懼君不識
察
客從遠方來遺我一端綺相去萬餘里故人
心尚爾文采雙鴛鴦裁為合歡被著以長相
思緣以結不解以膠投漆中誰能別離此

高士奇　跋《揚無咎雪梅圖卷》一

高士奇（一六四五—一七〇四），字澹人，號瓶廬，又號江村，賜號竹窗，錢塘（浙江杭州）人。高氏學識淵博，能詩文，擅書法，精考證，善鑒賞，所藏書畫甚富。著有史學著作《左傳紀事本末》五十三卷，《清吟堂集》等。

此作爲絹本，運筆遒美，點畫精熟，結構端雅，給人清新明麗之感。故宮博物院藏。

揚補之世家清江所居蕭洲有梅樹大如數間屋蒼皮班蘚繁花
如簇補之日臨畫之大得其趣閒以進之道君〻〻曰村梅耳因自署奉
勅村梅更作踈枝冷蕊清意逼人而道君北轅不及見矣南渡後
宮中張其梅壁閒蜂蝶集其上始驚怪求補之而補之已物故
癸酉嘉平二日天氣甚暖書於簡靜齋　江村高士奇

鐵網珊瑚載揚補之有四梅卷自題柳梢青詞并跋今錄於此漸近青春試尋紅蕊經年疎隔小立風前恍然初見情如相識 為伊只欲顛狂又誰把芳心愛惜傳語東君乞憐愁寂不須要勒 嫩蕊商量無窮幽思如對新粧粉面微紅檀唇羞啓忍笑含香 休將春色包藏秪恐地教人斷腸莫待開殘却隨明月走上回廊 粉墻斜搭被伊勾引不忘時霎一夜幽香惱人無寐可堪開市 曉來起看芳叢只怕那危梢欲墜折向膽瓶移歸芸閣休熏金鴨目斷南枝幾回吟繞長怨開遲雨壓風欺雪侵霜妬却恨離披 欲調商鼎如期可奈向騷人自悲賴有毫端幻成氷彩長似芳時 范端伯要予畫梅四枝一未開一欲開一盛開一將殘仍各賦詞一首畫可信筆詞難命意却却不從勉從其請予舊有柳梢青十首亦因梅所作今再用此聲調蓋近時喜唱此曲也端伯奕世勳臣之家了無膏粱氣味

高士奇　跋《揚無咎雪梅圖卷》二

此作爲絹本，運筆輕重兼施，整篇字距行距顯得更爲匀稱如意，有超逸之感。故宫博物院藏。

而冑次洒落筆端敏捷觀其好尚如許不問可知其人也要
須六作四篇共誇此畫庶幾衷朽之人託以俱不泯耳乾道
元年七夕前一日癸丑揚无咎補之書於豫章武寧僧舍

康熙丁丑九月十四日月色如畫泊舟連窩剪燈書
補之畫跋并詞十六日德州曉行寒風驟發小泊野
岸近午風定解維蓬窗再觀題二詩於後欲家園〻
日適也苑西〻度臘塞北兩逢春不見寒梅蘂
空憐薄宦人歸逢花候徑喜闢茅新獨怪逃禪
老稀枝最亂真溪橋千萬株月下影糢糊香氣冷
偏發花光夜更腴罕添叢竹映幽趣小亭孤计日鄉
園近歸心展畫圖

余再召入都仍居苑西三橋
歲寒丙子丁丑兩春塞外

江村竹窗高士奇

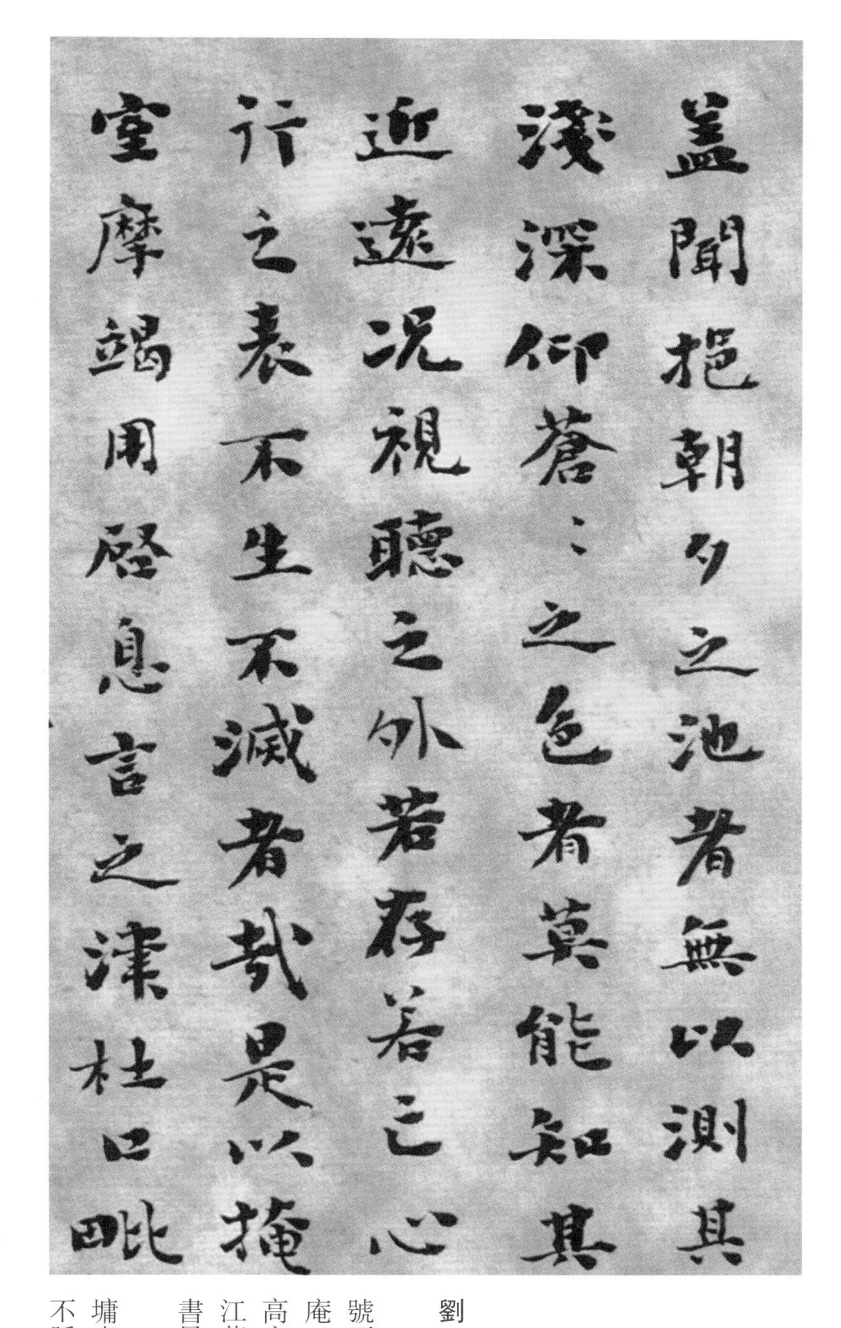

劉墉　小楷逸品册

劉墉（一七一九—一八〇四），號石庵，另有青原、香巖、東武、穆庵、溟華、日觀峰道人等字號，山東高密縣逄戈莊人（原屬諸城），祖籍江蘇徐州豐縣。官至内閣大學士。其書風厚實凝重，尤長小楷。

此作爲清内府藏佳作。内容爲劉墉書古文辭賦及自撰詩文，書風肥而不腫，字勢扁而不失勢態。

必求宗於九疇談陰陽者必研
幾於六位是故三才既辨識妙
物之功萬象已陳悟太極之致
言之不可以已其在茲乎然變
繫所筌窮於此域則稱謂所絕
形乎彼岸矣彼岸者引之於有

則高謝四流推之於無則俯宏
六度名言不得其性相隨迎不
見其終始不可以學地知不可
以意生及其涅槃之蘊也夫進
谷無私有至斯響洪鐘虛受無
來不應況法身圓對規矩冥立

一音稱物宮商潛運是以如來
利見迦維託生王室憑五衍之
軾拯溺逝川開八正之門大庇
交喪於是元關幽鍵感而遂通
遥源濬波酌而不竭行不捨之
檀而施洽羣有唱無緣之慈而

宅晨涼曜慧日於康衢則重昏
夜曉故能使三十七品有樽俎
之師九十六種無藩籬之固既
而方廣東被教肄南移周魯二
莊覩昭夜景之鑒漢晉兩明並
勒丹青之飾然後遺文間出列

剎相望澄什結轍於山西林遠
肩隨乎江左矣
乾隆乙卯十月既望書頭陀
寺碑文一節於天香深處

欲尋軒檻倒清樽江上煙雲
向晚昏須倩東風吹散雨朙
朝却待入花園花未全開
月未圓看、待月思依然朙知
花月無情物若使多情更可
憐 花

何妨館閣且從容徐樂巖安
事未同漫向江船問消息果
然東下不每每　山谷
浪迹江湖不記年黄庭千字晚
争妍不知有益蒼生否都門畀
王宗偉錢　海岳

翁方綱　跋《歐陽修行楷書灼艾帖卷》

翁方綱（一七三三—一八一八），字正三，號覃溪，又號蘇齋，順天大興（今屬北京市）人。乾隆十七年（一七五二）進士，授編修。歷督廣東、江西、山東三省學政，官至内閣學士。精通金石、譜録、書畫、詞章之學。著有《粵東金石略》《蘇米齋蘭亭考》《復初齋詩文集》等。

此作爲紙本，工整厚實，具有樸静之意境。故宫博物院藏。書帖縱二十五厘米，横十八厘米。

石渠洛神藏二圖長康繪事公麟仿茲復得一仍愷之題詞鑒跋
相標榜舊弆非真見
睿題新圖一手如出兩白描亦非頗所長梁陳時日多胥壞筆墨古
雅楮素佳臨摹應在隋唐上採珠拾翠或糢糊春松秋菊堪
神法三而一焉合貯宜分題屬賦欣
宸賞

臣和珅敬題

和珅 跋《洛神賦圖卷》

和珅（一七五〇—一七九九），鈕祜禄氏，原名善保，字致齋，自號嘉樂堂、十笏園、緑野亭主人，滿洲正紅旗二甲喇人，清朝中期權臣。著作有《嘉樂堂詩集》。

此作爲紙本，結字秀逸遒勁，布局妥當，且給人骨力挺拔之感。故宫博物院藏。縱二十七點一厘米，横五百七十二點八厘米。

宋李唐字晞古徽宗朝入畫院善人物山水筆意不凡其法古
厚中具生氣南渡後推為獨步
内府所蔵真蹟甚夥而長夏江寺圖尤李唐煊赫名蹟也是卷舊
入
石渠寶笈首題曰長夏江寺後題曰李唐可比唐李思訓皆宋高
宗書精采煥發書畫並臻妙品又續入
石渠寶笈一卷無高宗題字原題籤曰長夏江村圖而幅中所畫
塔勢湧出則是寺非村我
皇上正其訛誤
天題鑒定為長夏江寺於是兩卷遂成雙璧近者

曹文埴　跋《李唐長夏江寺圖卷》

曹文埴（一七三五—一七九八），字竹虚，號近薇，安徽歙縣人。并以書法名世，與同鄉摯友鄧石如皆爲乾隆時期書法大家。收藏富甲，傳世名作《蘭亭序》及李白《上陽臺帖》均曾爲曹氏所有，另藏有石鼓名硯，齋號因之爲石鼓硯齋。著有《石鼓硯齋文鈔》二十卷、《詩鈔》三十二卷、《直廬集》八卷、《石鼓硯齋試帖》兩卷。

此作爲紙本，是曹文埴與修撰梁國治、庶吉士董誥等人對《長夏江寺圖卷》鑒別後寫下的考訂文字。曹氏跋書結字飽滿，布局規整。故宮博物院藏。畫作縱四十四厘米，横二百四十九厘米。

天題鑒定為長夏江寺[illegible]
幾餘覽古以屬鶚所輯南宋院畫録載李唐此圖有宋犖朱彝尊跋
及陳廷敬高士奇張英詩今
内府所藏兩卷中皆未録
命臣等詳加考訂臣等謹按宋犖跋云所見凡三卷一為劉曾所藏
上有宋高宗題云李唐可比唐李思訓一為梁清標所藏無高
宗題殘缺已甚一為犖所自藏以泥金點苔臣等覆核是卷後
有高宗題而卷前多長夏江寺四字兼有梁清標印記其新經
御定為長夏江寺者無高宗題亦無梁氏印記且並非泥金點苔而
絹素完好無缺則均非宋犖跋所見三卷可知惟朱彝尊跋内
稱納蘭侍衛容若購得李唐著色山水古雅深厚宜為思陵所
賞卷首題曰長夏江寺卷尾題曰李唐可比李思訓云云與此
卷適相脗合其所云納蘭侍衛容若按
國朝大學士明珠為納蘭氏其子性德原名成德字容若康熙丙
辰進士官至
乾清門侍衛是卷未入
石渠前或經性德收藏而以彝尊跋中稱其字故割去之耳其後
有梁清標印記者蓋清標性喜收藏當是出示宋犖後續得之
卷至陳廷敬高士奇張英三人同時侍直
内廷跋稱見於
大内當即是卷繹其詩意非奉

而知為真蹟蓋自古書畫家於得意之處不惜屢作如王獻之
好寫洛神人間合有數本智永書千文至八百本趙嵓五陵按
鷹圖有四杜霄撲蝶圖有八之類是也臣等奉
勅校訂並
命補録陳廷敬高士奇張英之詩詳識於後臣等仰瞻
天藻得附名卷末不勝榮感欣忭之至臣梁國治臣董誥臣曹文埴
拜手稽首恭跋

陳廷敬題李唐長夏江寺圖卷詩
李唐長夏江寺圖於
大内見之宋高宗題云李唐可比唐思訓
花石綱殘艮岳空湖光金粉畫難工那知零落風煙外却閉金
函玉櫝中

高士奇觀李唐長夏江寺圖卷詩
山下深江千頃碧山腰松栝勢百尺古寺樓臺杳靄間濃陰覆
地晝掩關遠岸蒲帆疾如馬何不此地銷長夏李唐清興殊激
昂山盤水濶開洪荒炎風撲面氣蒸欝展卷颯颯生微凉

張英題李唐長夏江寺圖卷詩
一幅鵞溪絹色陳祇令書畫兩精神墨光透紙釵痕字筆陳横
秋斧劈皴　翠華消息斷河汾遥望蒼梧隔暮雲畫譜宣和才
誤卻何堪重話李將軍

臣曹文埴敬書

右李伯時聖賢畫象一卷側立合手者孔宣父年少者顏淵兩手執卷者閔子騫拳手者冉伯牛一手拳一手舒二指者蘧伯玉手當胸而左視者仲弓左袖而的手舒者冉有豐髯大腹提劍立者子路對立而同觀卷者子羔宰我立我後而睨卷者樊遲目遠望者子夏右舒掌左執器者子貢年少朱衣者言游衣如游而色淡者公晳哀俛首下視者子張正立者曾子右攝衣者澹臺滅明衣色同而相背立者原思宓子賤腰劍者公冶長青衣者南宮縚耳若聽者曾晳兩手交者高瞿側立左視者漆雕開與開語者任不齊一手袖者公伯寮色黔者顏祖右顧而左指者有若朱衣執劍者公西華朱衣而交手者巫馬施二人同觀卷一人立乎前狀若視之一人立乎後狀若聽

管　同　跋《孔子弟子像圖卷》

管同（一七八〇—一八三一），字异之，江寧上元（今江蘇南京）人。道光五年（一八二五）中舉，入安徽巡撫鄧廷楨幕。撰《擬言風俗書》《擬籌積貯書》《禁用洋貨議》等。

此作爲紙本，布局疏朗，結字端莊，字形略扁。故宫博物院藏。

悉用分書題名氏其後署曰元祐三年二月臣公麟繪草上進其別
紙有解縉王稱登兩跋筆語皆可觀謹案聖賢畫象始於文翁唐世
猶存故司馬貞釋太史公書據以為說而益州刺史張收圖由是出
也伯時所繪王百穀以為正出自收是則遠有規摹非其臆造然文
翁廟圖七十二人見於索隱今圖合孔子計之數止三十有六其形
狀故實間合經史而不可考者居大半是又何也豈是圖本全而後
之人割去其半耶將名氏迺他人妄加而伯時初不爾耶要之自明
世宗用張璁之論議易廟象以木主聖賢形容終古弗見賴有此圖
猶得以記當時之髣髴而其圖又繪於伯時是則可云至寶也已解
大紳跋欲去公伯寮而百穀以謂聖人道大何所不容是二說者愚
以為可勿論云　道光五年夏四月
上元管同撰并書

翁同龢　瓶廬雜稿

翁同龢（一八三〇—一九〇四），字叔平，號松禪，别署均齋、瓶笙、瓶廬居士、并眉居士等，别號天放閑人，晚號瓶庵居士。官至協辦大學士，户部尚書，參機務。先後擔任同治、光緒兩代帝師。其書法幼學歐、褚，後致力於顔、蘇、米諸家，晚年沉浸於漢隸。書法遒勁，天骨開張。

此作爲紙本，書風雋雅温潤。國家圖書館藏。尺寸不一。

淺醉閒尋物外身綠槐搖曳碧無塵山收雨氣天都淨樹隱煙痕
畫未真萬葦涼生秋似水孤燈明讓月如銀衣香人影渾難據悵
觸雜心倍愴神
晨夕追隨有異緣酒尊吟筆共陶然深情每被
閑雲妬後會誰為舊雨聯幾見論交如我輩不堪多故值中年須
痛飲拚沉醉臥讀離騷與問天
座事西風太本（不知）情吹殘些柳慣
寧行各多知己俱星散幾輩論懷人
共月明傷逕定數和淚飲啼魂
常恐被愁驚情只玄改謹懷我黃葉蕭蕭鍾鳥鳴
卓雕風急莽
堅亮孤餘凄涼百感來早歲功名渾似夢卌年心事已成灰封矣
享負班超相射策備處庾信才此去江南舊日那堪重可向蘇臺

齊天樂 别犀厂湛田諸君

離人怎奈西風緊吹來半襟塵土愁隨鷲寒斷魂慣轉誰肯惧儂情緒歌殘金縷只茸帽衝霜相思空訴珍重臨政憶儂替把落英護銀釵一花自語折蘆應贈我偏戀今雨燕語呢喃鶯魂宛轉是夢也都難據碧翁還妒仗一陣罡風吹雲飛去後會何時忍將愁寄與

霜花腴 别都門諸故人

渭城疊唱聲墜鞭郵亭便是天涯疎柳搖金零芙碎壁西風吹冷霜花素襟暗遮是淚痕和起塵沙悵而今斷雁離群寒宵無寐聽

淒笳。回首烟蕪千里。更山遠水阻。彌望蒹葭。落葉、青楓。驚條、徑隕。相思慣。我征車。旗亭夢餘記背燈淒弄琵琶。料他時天末涼風屋梁看月斜。

金縷曲

殘月看如玦。怪人生。團欒能幾。那如明月。月尚一年圓幾度。偏與人。間離別。似月也。纔圓還缺。儘許相思千里共。怕夢魂此後難飛越。回首處。山重疊。

好天良夜空凝咽。憶年年。輕紈小扇。無端涼熱。三載。悠悠。渾似醉。又是。酒醒時節。祗落得填膺淒切。但願樽前重對影。更從頭細把而今說。窺素魄。皎如雪。

盡職忘身為訓若僅晨昏奉養亦非所以慰臣
母之心無如病勢纏綿經旬累月目前醫藥等
事固未敢跬步暫離即調理就痊而飲食寒暖
之宜尤必倍加慎重臣竊念
書齋侍直職有攸司若增內顧之憂必不能盡心
勸講與其懷私以竊祿何如據實以陳情用是
披瀝下忱籲懇
聖恩俯准開缺俾得專心侍奉如能仰賴
朝廷福庇漸就輕安則此後臣母桑榆之歲月皆
皇太后
皇上再造之隆恩矣臣無任激切屏營之至謹繕摺

奏伏乞

皇太后

皇上聖鑒謹

奏

同治十年十二月　十九　日

臣翁同龢跪

奏為臣母病未瘳籲懇

天恩俯准開缺侍養事竊臣母許氏現年八十二歲

素無疾病前因感受冬温遽投攻下之劑元氣

大虧臣三次請給假期仰蒙

恩准在案旬月以來雖漸輕減惟精神轉覺委頓飲

食衰少未能速痊伏念臣世受

國恩隆天厚地臣父在日曾直

講筵現當

皇上聖學方新臣雖至愚亦思隨諸臣之後稍效涓

埃豈敢以將母之私上塵

聖聽且臣母素知大義每日臣退直之時必諄諄以

吴昌碩　楷書自作書箋一

吴昌碩（一八四四—一九二七），初名俊，又名俊卿，字昌碩，又署倉石、蒼石，號缶廬、老缶、大聾、缶道人、苦鐵等，浙江安吉人。清末『海派四大家』之一，爲『後海派』中的代表，杭州西泠印社首任社長。書、畫、篆刻皆卓爾不凡，詩文、金石等造詣頗高。著有《吴昌碩畫集》《吴昌碩作品集》《苦鐵碎金》《缶廬近墨》等。

此作爲紙本，結體方扁，用筆圓渾遒勁。在鍾太傅筆意中又融入了唐人寫經的韵味，整體章法疏密相宜。上海圖書館藏。

神直與造化通霜風搴帷月弄曉生气拂拂
平林東

拙詩郵寄

蘋翁先生誨正

戊子十二月後学吴俊呈稿

吴昌碩　楷書自作書箋二

此作爲紙本，有行書筆意，運筆圓渾遒勁。古拙隨意，生動流暢。朵雲軒藏。

吴昌碩　楷書手稿

此作爲紙本，敦厚含蓄，厚樸稚拙。斜側取勢，字字咬和，通篇行氣緊密。君匋藝術院藏。

補之人品高潔如幽岫孤雲不落塵網觀此使人心名利都盡丹邱書詞泠峭蒼勁似隋唐間人可悟控引王羊之妙不讓松雪也光緒十五年二月六日武進費念慈將之京師獲觀匆匆首塗翦燭題記

費念慈　跋《揚無咎四梅花圖卷》

費念慈（一八五五—一九〇五），字屺懷，一署峐懷，號西蠡，晚號藝風老人，江蘇武進人。光緒十五年（一八八九）進士。在詞館，與文廷式、江標齊名。擅鑒賞，工書法，出入歐、褚，兼通魏晉各碑。金石目録之學，冠絕一時。著有《歸牧集》。

此作爲紙本，靈秀飄逸，輕鬆自如，有如臨清風之感。故宫博物院藏。

趙椿年　跋《陸機草隸書平復帖卷》

趙椿年（一八六九—一九四二），字劍秋，晚署坡鄰，江蘇武進人。清光緒進士。工書，能詩。著有《覃研齋石鼓十種考釋》一卷。

此作爲紙本，用筆含蓄文雅，楷中略帶行書筆意，雋秀中略帶有顔體的寬博之氣。故宮博物院藏。

此帖本末沅叔同年之跋言之詳矣顧尚有軼聞可補者
翁文恭日記辛巳十月初十於蘭翁處得見陸平原平復帖
手迹紙墨沈古筆法全是篆籀正如禿管鋪於紙上不見
起止之迹後有香光一跋而已前後宣和印安岐印張丑印
宗高宗題籤董香光籤成親王籤此卷為成哲親王分府

時其母太妃所手授故以詒晉名齋後傳至治貝勒貝勒死今睐恭邸邸以贈蘭孫相國文恭所言如此辛巳為光緒七年是在李文正處矣何以又歸恭邸詢之文正長公子符曾侍郎始知帖留數月即以還邸故今仍自邸出也伯駒屬為記此不使後之讀文恭日記者有所疑也惟据詒晉齋詩帖為孝聖憲皇后遺賜而文恭言分府時母太妃手授則傳聞之誤當為訂正戊寅九月望進趙椿年識於北京漢魏五碑之館時年七十有一

傅增湘　跋《陸機草隸書平復帖卷》

傅增湘（一八七二—一九四九），字沅叔，别署雙鑒樓主人、藏園居士等，四川江安縣人。光緒二十四年（一八九二）進士，選入翰林院爲庶吉士。一九一七年十二月至『五四』運動前，曾入内閣任教育總長。在藏書、校書以及目録學、版本學方面，堪稱爲一代宗主。

此作爲紙本，點畫清勁爽健，方整峻拔，精氣飽滿，結體謹嚴中見疏朗的神情。用大字之法做小楷，稍嫌小楷敦厚古雅之趣。故宫博物院藏。

不可考至明萬歷時始見於吳門韓宗伯世能家由是
張氏清河書畫舫陳氏妮古録咸著録之李本寧及
董玄宰摩觀之餘亦各有撰述載之集中清初歸真
定梁蕉林侍郎家曾摹刻於秋碧堂帖安麓邨初
得觀於梁氏記入墨緣彙觀中然攷卷中有安儀
周珍藏印則此帖旋歸安氏可知至由安氏以入内府
其年月乃不可考乾隆丁酉成親王以孝聖憲皇后

於目勒載治改題爲秘晉齋同光閣轉入恭親王邸
嗣王溥偉爲文詳誌始末并補録成邸詩文於卷
尾此近世授受源流之大略也或疑純廟留情翰墨
凡秘府所儲名賢墨妙靡不遍加品題并萃成寶
刻冠以三希何乃快雪之前獨遺平原此帖顧愚
意揣之不難索解觀成邸手記明言爲壽康宮
陳列之品宮在乾隆時爲聖母憲皇后所居緣
其地屬東朝未敢指名宣索洎成邸以皇孫拜賜
又爲遺念所須決無復進之理故藏内禁者數十

又為遺念所須決無復進之理故藏内禁者數十
年而不獲上邀宸賞物之顯晦其亦有數存耶余
與心畬王孫昆季締交垂二十年花晨月夕觴詠
盤桓邸中所藏名書古畫如韓幹蕃馬圖懷素
書苦筍帖魯公書告身溫日觀蒲桃號為名品
咸得寓目獨此帖秘惜未以相示丁丑歲暮鄉人
白堅甫來言心畬新遭親喪資用浩穰此帖將待
價而沽余深懼絕代奇蹟倉卒之間所託非人或
遠投海外流落不歸尤堪嗟惜乃走告張君伯
駒慨擲鉅金易此寶翰視馮涿州當年之值殆
騫將百倍矣嗟乎黃金易得絕品難求余不僅

然仇馬虞沿寶之哥且喜山秘帖幸歸弗汲然大
足賀也翊日賫来留案頭者竟日晴窓展翫古香
馣藹神采煥發帖凡九行八十四字字奇古不可盡
識紙似蠶繭造年深頗渝敝墨色有緑意筆力堅
勁倔強如萬歲枯藤與閣帖晉人書不類昔人謂
士衡善章草與索幼安出師頌齊名陳眉公謂其
書乃得索靖筆或有論其筆法圓渾如太羹玄酒
者今細衡之乃不盡然惟安麓村所記謂此帖大非章
草運筆猶存篆法似為得之矣余素不工書而嗜
古成癖聞有前賢名翰恒思目玩手摩以窺尋其
旨趣不意垂老之年忽覯此神明之品歡喜贊

旨趣不意垂老之年忽覩此神明之品歡喜贊歎心懌神怡半載以來閉置危城沈憂煩鬱之懷為之渙釋伯駒家世儒素雅擅清裁大隱王城古懽獨契宋元劇蹟精鑑靡遺卜居城西与余衡宇相望頻歲過從賞奇析異為樂無極今者鴻寶来投蔚然為法書之弁冕墨緣清福殆非偶然從此牙籤錦裹什襲珍藏且視在在處處有神物護持永離水火蟲魚之厄使昔賢精魄長存於尺幅之中與日月山河而並壽寧非幸歟

歲在戊寅正月下澣江安傅增湘識

增湘

藏園

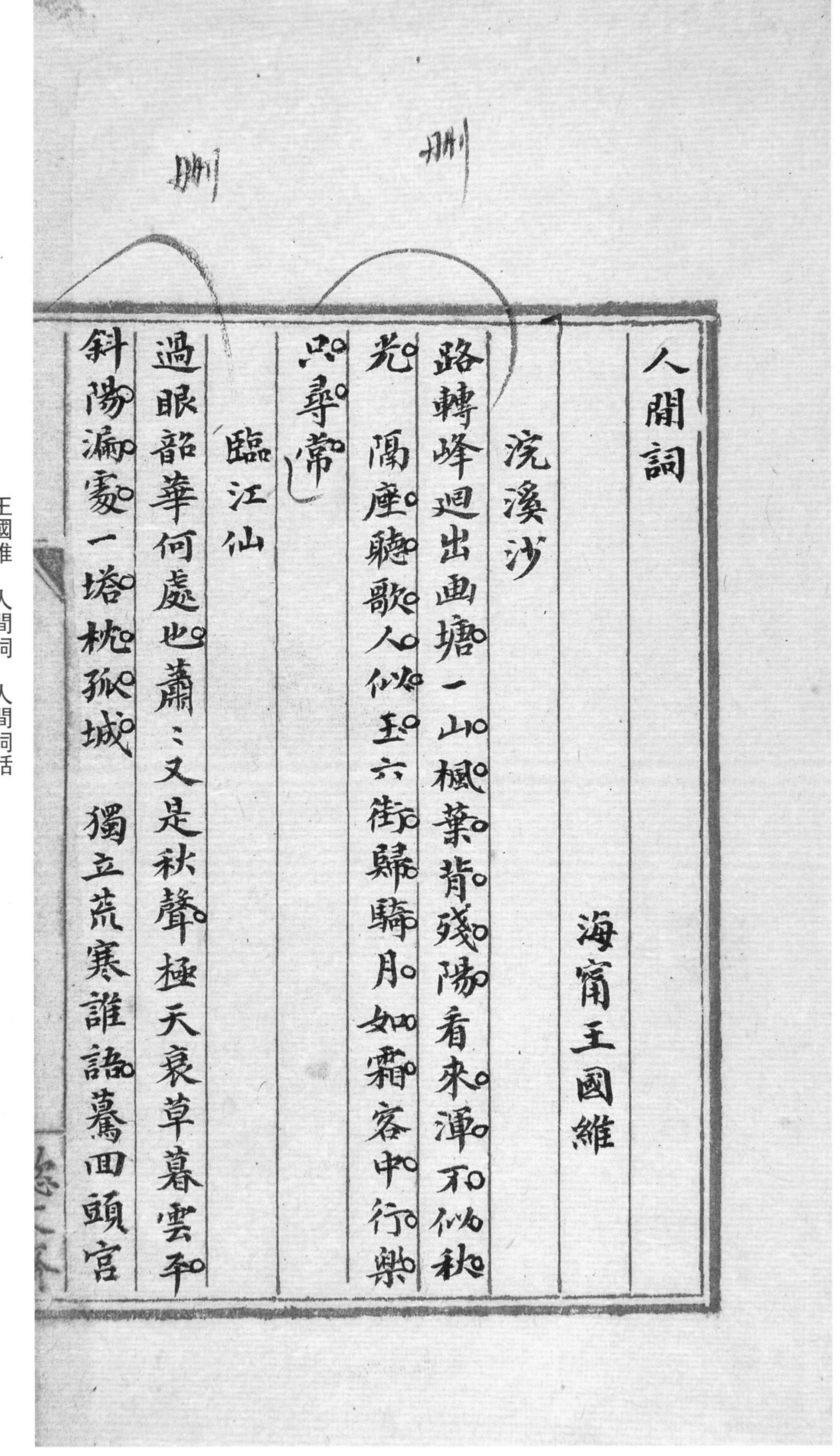
刪　刪

人間詞

海甯王國維

浣溪沙

路轉峰迴出画塘。一山楓葉背残陽。看來渾不似秋光。隔座聽歌人似玉。六街歸騎月如霜。客中行樂只尋常。

臨江仙

過眼韶華何處也。蕭蕭又是秋聲。極天衰草暮雲平。斜陽漏處。一塔枕孤城。獨立荒寒誰語。驀回頭宮

王國維　人間詞　人間詞話

王國維（一八七七—一九二七），初名國楨，字静安，亦字伯隅，初號禮堂，晚號觀堂，又號永觀，謚『忠慤』。浙江海寧人。清末民國著名學者。

此作爲紙本，書風敦睦厚實，用筆精謹細致，是體現王國維小楷端莊書風的代表作之一。國家圖書館藏。

删

删

闕崢嶸隔霧紅墻未分明依〻殘照獨擁最高層

浣溪沙

草偃雲低漸合圍琱弓聲急馬如飛笑呼從騎載禽歸

萬事不如身手好一生須惜少年時那能白首下書帷

好事近

夜起倚危樓〻角玉繩低亞唯有月明霜冷浸萬家鴛瓦

人間何苦又悲秋正是傷春罷却向春風亭畔數梧桐葉下

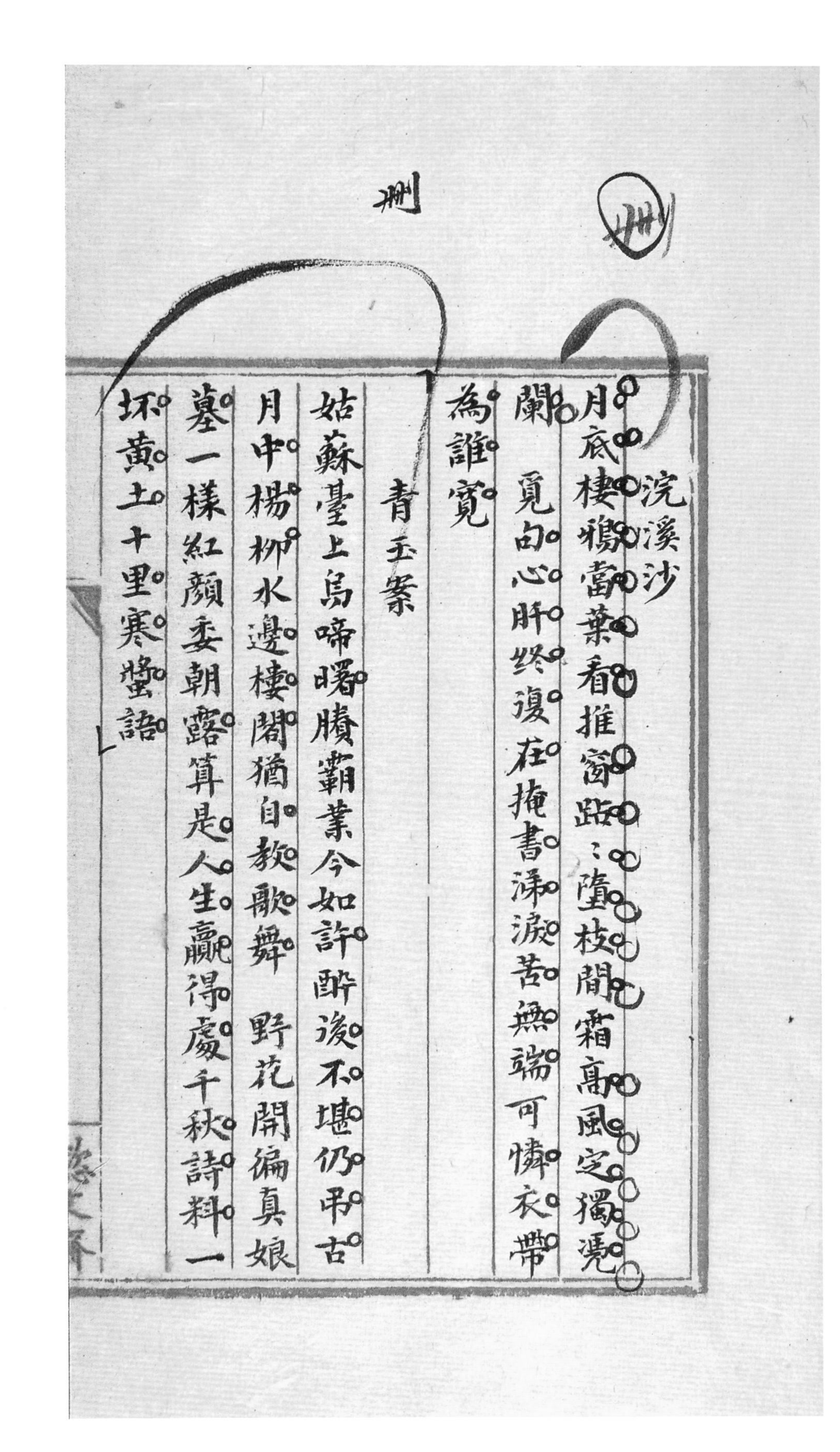
浣溪沙

月底棲鴉當葉看推窗跕跕墮枝間霜高風定獨憑
闌覓句心肝終復在掩書涕淚苦無端可憐衣帶
為誰寬

青玉案

姑蘇臺上烏啼曙賸霸業今如許醉後不堪仍弔古
月中楊柳水邊樓閣猶自教歌舞野花開徧真娘
墓一樣紅顏委朝露算是人生贏得處千秋詩料一
抔黃土十里寒螿語

選

刪

少年游

垂楊門外疎燈影裡上馬帽簷斜紫陌霜濃青松月冷炬火散林鴉　歸來驚看西窗上翠竹影交加跌宕歌詞縱橫書卷不與遣年華

滿庭芳

水抱孤城雲開遠戍垂柳點點棲鴉晚潮初落殘日漾平沙白鳥悠悠自去汀洲外無限蒹葭西風起飛花如雪冉冉去帆斜　天涯還憶舊香塵隨馬明月窺車漸西風鏡裏暗換年華縱使長條無恙重來處

删　删

攀折堪嗟人何許朱樓一角寂寞倚殘霞

蝶戀花

閱盡天涯離别苦不道歸來零落花如許花底相看無一語綠窗春與天俱暮　待把相思燈下訴一縷新歡舊恨千千縷最是人間留不住朱顔辭鏡花辭樹

玉樓春

今年花事垂垂過明歲花開應更夥看花終古少年多只恐少年非屬我　勸君莫厭尊罍大醉倒且拚

名理湛深惜前半當佳耳

此闋刪

選

花底卧君看今日樹頭花不是去年枝上朶

阮郎歸

女貞花白草迷離江南梅雨時陰陰簾幙萬家垂穿簾双燕飛　朱閣外碧窗西行人一舸歸清溪轉處綠楊低當窗人畫眉

又

美人消息隔重關川途彎復彎沈沈空翠壓征鞍馬前山復山　濃潑黛緩拖鬟當年看復看只餘眉樣在人間相逢難復難

選

浣溪沙

天末同雲黯四垂失行孤雁逆風飛江湖寥落爾安歸陌上挟丸公子笑坐中調醢麗人嬉今宵歡宴勝平時

陌上金丸[illegible]燕墮翼閨中素手試調醢

又

山寺微茫背夕曛鳥飛不到半山昏上方孤磬定行雲試上高峯窺皓月偶開天眼覷紅塵可憐身是眼中人

鵲橋仙

沈沈戍鼓。蕭蕭廐馬。起視霜華滿地。猛然記得別伊時。正今日郵亭天氣。　北征車轍。南征歸夢。知是調停無計。人間事事。不堪憑。但除卻無憑二字。

又

繡衾初展。銀釭旋剔。不盡燈前歡語。人間歲歲似今宵。便勝卻貂蟬無數。　霎時送遠。經年怨別。鏡裏朱顏難駐。封侯覓得也尋常。何況是封侯無據。

減字木蘭花

皋蘭被徑。月底闌干閒獨凭。修竹娟娟。風裏時聞響

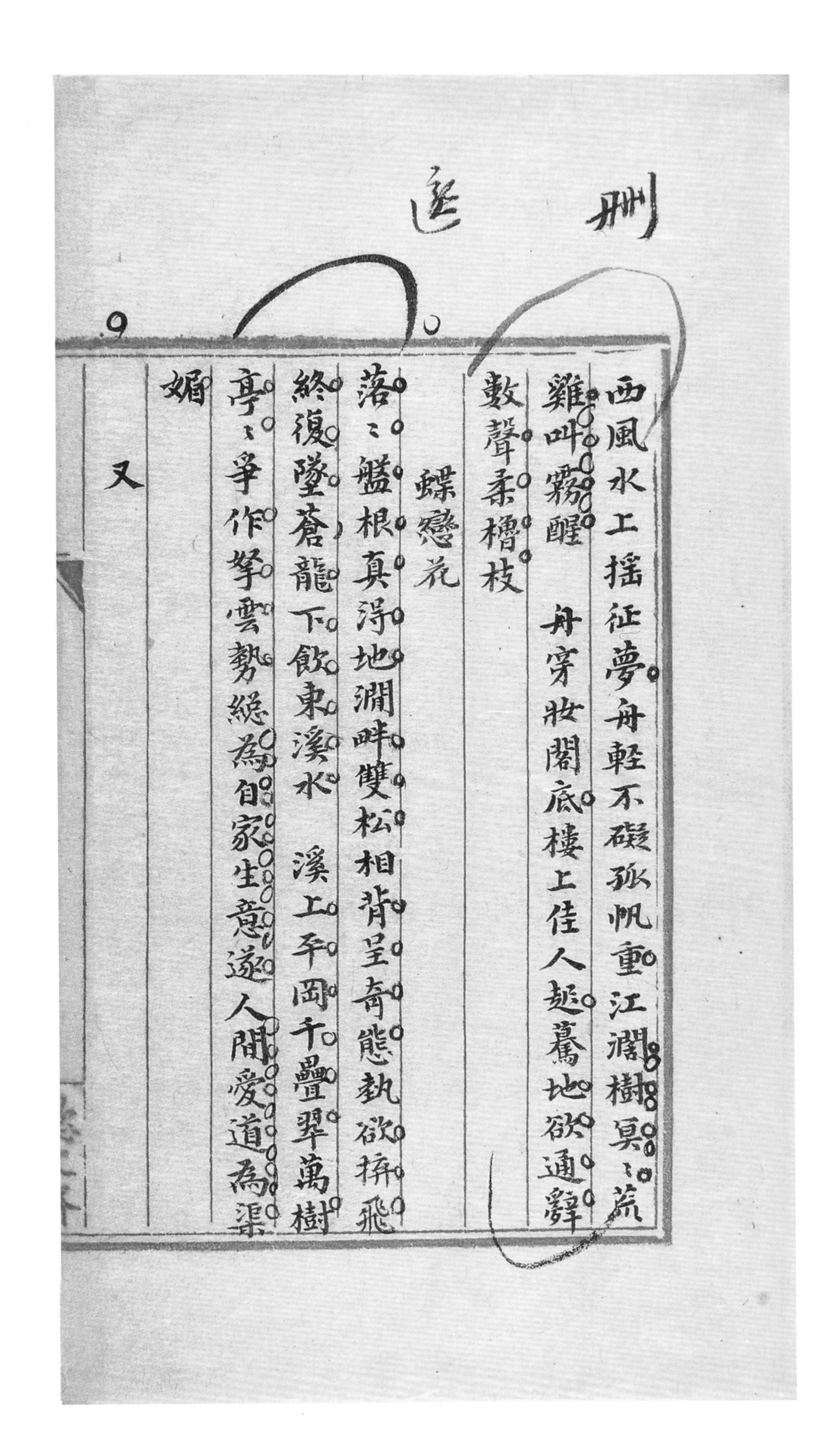
西風水上搖征夢舟輕不礙孤帆重江闊樹冥冥荒雞叫霧醒　舟穿妝閣底樓上佳人起驀地欲通辭數聲柔櫓枝

蝶戀花

落落盤根真得地澗畔雙松相背呈奇態孰欲捺飛終復墜蒼龍下飲東溪水　溪上平岡千疊翠萬樹亭亭爭作拏雲勢總爲自家生意遂人間愛道爲渠媚

又

此詞絶佳 選

二雙字須改

叢殘或宮覺字終近複

愛殺二字亦須改

選

月到東南秋正半雙闕中間浩蕩流銀漢誰起水精簾下都風前隱隱聞簫管　清露溼衣都不管愛殺清光雙照恩和怨苑柳宮槐渾一片長門西去昭陽殿

醉落魄

柳烟淡薄月中閒殺秋千索踏青挑菜都過卻陡憶今朝又失瀟湘約　落紅一陣飄簾幙隔簾錯怨東風惡披衣小立闌干角搖蕩花枝啞啞南飛鵲

虞美人

删　選　選

杜鵑千里啼春晚故國春心斷海門空闊月皚皚依
舊素車白馬夜潮來　山川城郭都非故恩怨須臾
誤人間孤憤最難平清得幾回潮落又潮生

菩薩蠻

回廊小立秋將半隔牆梧影當階亂高樹是東家月
華籠露華　碧闌干十二都作回腸字獨有倚闌人
斷腸君不聞

蝶戀花

黯淡燈花開又落此夜雲蹤終向誰邊著頻弄玉釵

思舊約知君未忍渾拋卻　妾意苦專君苦博君似
朝陽妾似傾陽藿但與百花相鬭作　君恩妾命原非
薄

人間詞　　選堂得六十二闋

鷓鴣天　和吳伯宛舍人庚子除夕

絳蠟紅梅競作花客中驚又度年華離離長柳垂
天末隱隱輕雷響鬧車　斟醁醑和尖叉新詞飛寄
舍人家可將平日絲綸手繫取今宵赴壑蛇

共刪除四十二首
戊午四月重定一本存廿四闋

弘一　心經

弘一（一八八〇—一九四二），原名李叔同，又名李息霜、李岸等。我國近代著名音樂家、美術教育家、書法家、戲劇活動家，是中國話劇的開拓者之一。其書法早期脱胎魏碑，筆勢開張，逸宕靈動。後期自成一體，沖淡樸野，温婉清拔，特别是出家後的作品，更充滿了超凡的寧静和雲鶴般的淡遠。

此作爲紙本，是其晚年書法的典型代表。

不生不滅不垢不淨不增
不減是故空中無色無受
想行識無眼耳鼻舌身意
無色聲香味觸法無眼界
乃至無意識界無無明亦
無無明盡乃至無老死亦
無老死盡無苦集滅道無

般若波羅密多心經

觀自在菩薩行深般若波羅密多時照見五蘊皆空度一切苦厄舍利子色不異空空不異色色即是空空即是色受想行識亦復如是舍利子是諸法空相

羅蜜多是大神呪是大明
呪是無上呪是無等等呪
能除一切苦真實不虛故
說般若波羅蜜多呪即說
呪曰揭諦揭諦波羅揭諦
波羅僧揭諦菩提薩婆訶

歲次癸酉質平居士慈母謝世為寫心經一卷
冀業障消滅往生安養者尊勝院沙門善胥

晉陸士衡平復帖一卷凡九行章草書如篆籀多不可識有瘦金籤及雙龍宣政諸璽元人曾跋其後不知何時入於
內府乾隆間以之
賜成哲王王受而寶之名其齋曰詒晉且為題記頗詳惜未書之卷中今僅有董氏一跋案宣和書譜收陸士衡書惟望想帖與此帖而已在當時已屬希有況右軍以前之書傳至今日其寶重為何如耶偉所藏晉唐以來名蹟百二十種以此帖為最謹以錫晉名齋用誌古懽且深惜諸跋佚去使考古者無所證乃補書詒晉諸題於後俾資鑒定時宣統庚戌夏日

恭親王溥偉識

詒晉齋記平復帖

陸機平復帖一卷在
壽康宮陳設乾隆丁酉大事後
須遺賜孫臣永瑆拜受敬藏按

恭親王溥偉　跋《陸機草隸書平復帖卷》

恭親王溥偉（一八八〇—一九三六），别稱錫晉齋主，清末宗室。光緒二十四年（一八九八），承襲王爵。歷任官房大臣、正紅旗滿洲都統、禁烟事務大臣等要職。工詩詞，擅書法亦能繪畫。

此作爲紙本，結字修長，布局疏朗，清新秀雅。故宫博物院藏。

國朝新安吳其貞書畫記曰卷後有元人題云至元乙酉三月乙亥濟南張斯立東郓楊青堂同觀又雲間郭天錫拜觀又滏陽馬昫同觀後截將元人題字折售於歸希之配在偽本勘馬圖尾帖歸王際之售於馮涿州得值三百緡云云此卷宣和金字籤其貞則未記載至帖字與董其昌跋校之梁清標秋碧堂刻無毫髮異其入

內府年月不可考

詒晉齋題平復帖詩

傖父何能擅賦才殊邦羈旅事堪哀夢中黑幰功名盡身後丹砂著作推丞相有家生二俊（宋槧有二俊集）將軍無命到三台鍾王之際存神物緬邈千年首重回

詒晉齋紀書詩

平復真書北宋傳元常以後右軍前慈寧宮殿春秋閟拜手擎歸丁酉年（丁酉夏上頒孝聖憲皇后遺賜臣永得）

右一記二詩共二百八十一字

溥偉恭記

晉陸機平復帖墨蹟

水經注　田風先生摘本

河北有層山山甚靈秀山峯之上立石數百丈亭亭桀豎競勢
爭高遠望嵺嵺若攢圖之託霄上其下層巖峭舉壁岸無階
懸巖之中多石室焉
孟門即龍門之上口也實為河之巨阸兼孟門津之名矣此石
經始禹鑿河中漱廣夾岸崇深傾崖返捍巨石臨危若墜復倚
古之人有言水非石鑿而能入石信哉其中水流交衝素氣雲
浮往來遙觀者常若霧露沾人窺深悸魄其水尚崩浪萬尋懸
流千丈渾洪贔怒鼓若山騰濬波頹疊迄于下口方知慎子下
龍門流浮竹非駟馬之追也
又南出一里至天井裁容人穴空迂迴頓曲而上可高六尺　文

沙孟海　水經注

沙孟海（一九〇〇—一九九二），原名文若，字孟海，號石荒、沙村、决明，浙江鄞縣沙村人。曾任浙江美術學院教授、西泠印社社長、浙江省博物館名譽館長、中國書法家協會副主席。其書法遠宗漢魏，近取宋明，於鍾、王、歐、顏、蘇、黄諸家皆用力，化古融今。篆、隸、行、草、楷書兼擅，書風雄渾剛健，氣勢磅礴。其小楷書風同樣具有渾厚、質樸的特徵。

此作爲紙本，書風温和厚實。沙孟海書學院藏。每頁縱二十八厘米，横十三厘米。

故人重九日求橘 回風先生云已開宋派

憐君卧病思新橘試摘猶酸亦未黄書後欲題三百顆洞庭須待滿林霜

劉長卿

寄别朱拾遺

天書遠召滄浪客幾度臨岐病未能江海茫茫春欲遍行人一騎發金陵

錢起

歸雁

瀟湘何事等閑回水碧沙明兩岸苔二十五弦彈夜月不勝清怨却飛来

皇甫冉

送魏十六

秋夜沈沈此送君陰蟲切切不堪聞歸舟明日毘陵道回首姑蘇是白雲

李益

夜上受降城聞笛

回樂峰前沙似雪受降城外月如霜不知何處吹蘆管一夜征人盡望鄉

從軍北征 回風先生曰与回樂峰前邊霜昨夜兩首風度相似一寫蘆笳一寫笛一寫角要皆暗用越石吹笳事也

天山雪後海風寒横笛偏吹行路難磧裏征人三十萬一時回首月中看

即招余等入小園中爲攝數影五时及館飯後又与夷父謁張于師
譚抵十时始歸于師贈余越縵堂駢文凡四卷夔伯卒後其友人常
熟曾之撰聖與爲編次而刻行之歸後翻閱是書十一時就眠
王石君正松出眂金冬心遺硯質極細潤係端石背有四眼左側刻
稽留山民畫梅弟二硯隸書九字乃冬心自書下有印記文曰冬心先
生其所常用也右側刻張叔未銘銘辭已忘卻亦叔未自書有上款
曰雲槎不知何人殆冬心死後此硯轉入彼手而叔未爲之銘也
鎮海姚燮定海厲志臨海傅獻生世稱浙東三海張于師有姚字
屏厲聯及傅畫立軸合一室懸之傅獻生名濂
閱夔伯四十自序陳五可悲五窮文章憎命達已爲定論然夔
伯中年而後由進士補户部郎中試爲御史詩文著作流傳于世不
可謂至窮也士之懷道与蘊困阨里衖沒世無聞者豈少也哉
夔伯自序亦效容父而作然与李審言之句摹字放刻意求似者不

同而文格則亦稍下
叟伯自序有云死灰既積尚溺以旋重淵久湛更奔以土此即容父九淵之下尚有天衢秋荼之甘或云如薺之意李審言則云九淵之深未及劫灰餐荼之苦劣於含鴆全傍容父爲文
連宵苦夢每入險境或涉大川或逢地震令人怖懼列子言尹氏下趣互夢苦逸以爲覺夢兼逸不可得余比日奔走殊未閒暇夜又夢是無乃覺夢並苦耶又言陰氣壯則夢涉大水而恐懼張湛注以爲失其中和此或余之所坐耳
四日晨起猶不及早餐呼厨人進雞子飯頭痛移時乃已蓋晏起之爲病也爲翁須抄文一篇證越縵堂駢文咏家書恐不達今日又寫一紙付舟人送去翁須來與叀父翁須以事往江北岸反館稚望適譚傍晚與叀父詣画風堂陳天嬰張子相二先生亦在飯後與叀父及翁須往師范因之意行月湖之濱八時半別翁須歸多行路甚憊

漢書賈誼傳服迺太息舉首奮翼口不能言請對以意師古曰
意字合韻宜音億史記作臆按意即臆之省文汪容父哀鹽船文
意與瀨濟等字相協似誤翁須云此葢有意借用亦所謂文雖出
彼用意微殊之類也

鹿死不擇音杜預注音謂茠蔭之處古字借用數日前曾見有解
作音聲之音並引詩呦呦鹿鳴略謂鹿鳴聲本美臨死則不暇擇
美也說似稍遠不記見自何書已忘之少年人無記功如此

杜牧娉娉嫋嫋一絕佳處在第二句豆蔻梢頭二月初末二句尋常人都
能道著

五日晡雨夜大雨黎明即起抄汪容父文箋三葉蹇丈書來屬代書
挽聯挽詩數事即寫寄之翁須來近自寫文稿凡二十餘篇出而視
余余乃循讀一過翁須自年十五六即善為古文辭如書朱渠孺姚孝
誥哀辭皆造詣已深十七八時所作先母行略敘文諸篇雖入歸方

集中辨不得也真可敬服午後同謁蹇丈惠令病已愈別翁須反
館順父過譚又有同鄉數人來去後刻王言卬王為夷父之友傍晚
得翁須片屬代撰蔣母壽序得公起書以起本言來同居其母夫
人忽病是以未果今病已愈公起將赴扈校矣武仲疾猶未愈
以壽序入集始於虞道園薛庸齋蕭母黃太淑人壽序云自宋景濂
以壽文入集方望張母吳孺人壽序亦云以文為壽明之人始有之何乃言
之未審也
王少伯詩玉顏不及寒鴉色猶帶昭陽日影來陸劍南詩輸與新
來雙燕子銜泥猶得帶殘紅句意相同蓋劍南放少伯而為之韓退之
詩白雪卻嫌春色晚故穿庭樹作飛花余亦嘗放為之云春色枝頭
猶寂寂飛花先入酒杯來
閱小倉山房詩多有新意隨口道出不費思索見其作詩之易欲自
放作便苦硬澀陳簡齋云忽有好詩生眼底安排句法已難尋真

白　蕉　與姚鵷雛先生信札

白蕉（一九〇七—一九六九），本姓何，名法治，字遠香，號旭如，上海人。後改名白蕉。別署雲間居士、濟廬復生、復翁等。能篆刻，精書法，亦擅長畫蘭，能詩文。沙孟海先生譽其爲『三百年來能爲此者寥寥數人』。其理論主要有《雲間談藝録》《濟廬詩詞稿》《客去録》《書法十講》《書法學習講話》等。

此作爲紙本，書風古雅，頗有晋人氣息。

睜眼常教百慮盈羅言敢信為和平
漫慈海客能居米祇覺天心未厭
兵烟烟違縈衣食事悠悠獨繫幾時
情息機方外尋高蹈佛館因緣處
處行

鶴雛先生詩家郢政　白蕉呈稾

丁亥五月

他的
流水孤邨喙陣鳥平明雲起欲成圖東山
一帶多秋蜀誰向山中問睹徒
古栢依然識野祠斷橋短木費扶持漫
憑忠赤輕言事自識螟蛉只解私

感事

我閑未笑片雲孤只惜人間亡作奴自古

蒼生徒尔〻本來白眼向予〻誤從異
代思龍比若奚他時辨智愚落日
西風吹大纛紛〻黃葉滿江湖
題危樓讀史圖為遲遠仙

兩歇五更雲尚低呼將白日還天難廿年
讀史欲慈絕下筆躑躅難為題伊古
英雄竟誰某放下乾坤如釋帚已憐
文著無命人早信阿瞞有功狗契丹

文著無命人早信阿瞞有功狗契丹
昔借洛陽兵十六州民無重輕幾年
拜得父皇帝負義孫兒休吞聲

近句寄
鶴雛詩老郢政

白蕉䫻 正䔥
戊子十一月

久不奉
海敬念 郁中能安居耶 又及